保存容器で作るから
こねない！ 簡単！
失敗しない！

おうちで本格パン 焼けました

やさいのひベーカリー　著

はじめに

「パン作りは難しい」。そう思っている人はたくさんいます。生地作りは力を入れて何十回もこねたり、ときには打ち付けたりと力がいりそう。手にベタベタと生地がついたり、台所中に粉が飛び散る様子を想像して、作る前に諦めてしまう人も多いのではないでしょうか。また、パン作りに挑戦してみたけれど、うまくできなくて遠ざかってしまった人もいるかもしれません。

でも、諦めないでください。YouTubeの動画「やさいのひチャンネル」を見てくださる12歳から90歳の方々は、「私にもできるかもしれない」と実際にパン作りに挑戦し、「諦めていたパン作りが簡単に成功しました!」と喜びの声をたくさん届けてくれました。

私がYouTubeを始めたのは、東京で一人暮らしを始めた娘にパンの焼き方を教えるため。一口コンロしかないワンルー

ムの極狭キッチンでも焼きたてパンが食べられるよう、やり方を考えました。

少し大きめの保存容器に材料を入れて、カードで混ぜるだけでパン生地を作ることができます。粉が飛び散ることもないし、手も汚さずに、容器の中でどんどん生地ができあがっていく様子にわくわくするはずです。

この方法のパン作りに必要なのは A4 サイズ 1 枚分のスペース。どんな小さな台所でも、作業スペースがなくても生地を作ることができます。難しそうな生地作りや発酵も、誰が作っても失敗しにくく、毎日でも作りたくなる気軽な方法です。

パンを作ったことがない人や、これまでにパン作りを挫折してしまった人に、自信をもっておすすめします。ぜひ、試してみてください。きっとパン作りが楽しくなると思いますよ。

Contents

Part 1

油脂なし基本のシンプルパン

Part 2

体もよろこぶ全粒粉を使った田舎パン

この本のレシピについて

● 材料の表記は大さじ1＝15ml、小さじ1＝5ml です。

● （　）の中にグラム表記もしていますので、できるだけ正確に量ってください。

● 室温は20〜25℃を想定しています。

● 作業時間や発酵時間は目安です。特に発酵時間は季節や気温によって変わってきますので、生地の状態を見ながら判断してください。

● パンの焼き時間は目安です。レシピでは一般的な電気オーブンを使っていますが、お使いの製品により温度や焼き時間に差が出ることもあります。様子を見ながら加減してください。

保存容器で作るから
こんなに簡単！

☑ 狭い台所でスペースがなくても作れる

☑ ソファーに座りながら、
　 こたつに入りながらでも作れる

☑ 材料を混ぜるだけで作れる

☑ 力がなくても作れる

☑ 粉が飛び散らない

☑ 手が汚れない

☑ フタがあるので、生地が乾燥しない

☑ 発酵の目安がわかりやすい

☑ 具の混ぜ込みがしやすい

☑ 誰が作っても失敗しにくい

☑ 負担がないので、気軽に作れる

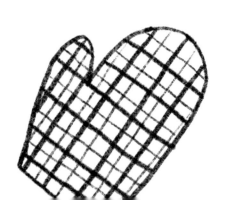

この本のパン作りは…

1
最低限のスペースがあればできる!

保存容器で
材料を混ぜる

2
発酵具合がわかりやすい!

一次発酵も
保存容器の中で

3
こねる作業がないからベタベタしない!

手を使うのは
成形するときだけ!

4
最適温度でじっくり発酵

このあと
焼成

二次発酵も
保存容器で湯せん

基本の道具

パン作りに必要な道具をご紹介します。気軽にチャレンジしていただけるように、手に入りやすく身近にある道具を使っています。

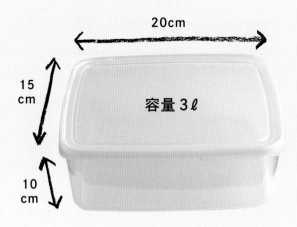

20cm
15cm
10cm

容量3ℓ

保存容器

私のパン作りで最大の特徴は、材料を保存容器の中で混ぜること。一人暮らしをしている娘の、狭いキッチンでもパンが作れるようにと始めたのですが、台所が汚れず、容器の中で生地が作れるので、パン作りがますます身近になったと感じます。私が使っている保存容器は、15×20cmで高さ10cmのもの。容量は3ℓです。100円ショップで買いました。また、湯せん用に、もうひと回り大きい4ℓサイズの保存容器があると発酵の際にとても便利ですよ。

カード

保存容器の中で生地を混ぜたり伸ばしたり。材料を切るように混ぜ込むことも。こねるよりも格段に楽で、手が汚れません。生地をまとめたり、分割するときにも使えます。100円ショップにもありますが、シリコン製で先端がよくしなる「貝印」のものを使っています。ない場合は木ベラやしゃもじで代用します。

SHOWER CAP

シャワーキャップ

発酵を促すときに、容器全体をすっぽり覆えるものはないかと考えていたところ、思いついたのがシャワーキャップ。ふんわりと覆えて生地が張り付かず、ぴったりとゴムがとめてくれるので乾燥しません。こちらも100円ショップで買えます。

ペストリーボード

生地を成形する作業台として使います。撮影には木製を使っていますが、場所を選ばず、ぺたっと張り付いて作業がしやすいシリコン製のパンマットもおすすめです。耐熱性のものはそのままオーブンに入れられます。ない場合は、まな板などで代用してもOKです。

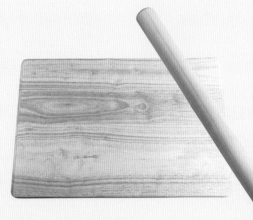

めん棒

生地を均一に伸ばすために使います。木製やプラスチックなどいろいろありますが、100円ショップのものでも十分です。

オーブンシート

天板が汚れず、生地が張り付かずに焼くことができます。気軽に使える使い捨てタイプが便利です。

デジタルスケール・計量カップ・計量スプーン

パン作りでは、"目分量"はNG。この本では重さも記載しているので、粉類も液体も、最初は重さで計量するのがおすすめです。慣れてきたら、スケールに容器をのせて、材料を順番に入れてください。計量カップやスプーンを使うときは、きちんと計量してくださいね。

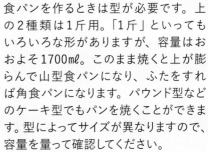

型

食パンを作るときは型が必要です。上の2種類は1斤用。「1斤」といってもいろいろな形がありますが、容量はおおよそ1700㎖。このまま焼くと上が膨らんで山型食パンになり、ふたをすれば角食パンになります。パウンド型などのケーキ型でもパンを焼くことができます。型によってサイズが異なりますので、容量を量って確認してください。

初めて型を使うときは... 洗剤で洗って水けをふき、180℃に予熱したオーブンでふたと型を 30~40分焼きます。熱いうちに乾いた布で拭いて冷まします。内側に薄く食用油を塗り、再度200℃のオーブンで15分ほど焼きます。

基本の材料

主役となる強力粉とイーストがあれば、あとは普段の料理に使っているものばかりです。
まずは、近くのスーパーで手に入るもので、使いやすいものを見つけてください。

強力粉

パンの主役になるのは、強力粉です。強力粉とは、たんぱく質が多い硬質の小麦から作られます。この本のレシピは、袋に表示されているたんぱく質量が 11.5 〜 12％の強力粉で作っています。一般のスーパーで手に入る「パン用」と書かれている小麦粉ならどれでも問題なく作れます。

準強力粉（フランスパン用粉）

フランスパンなどのハード系のパンを作るときや、サクッとした軽い食感のパンを作るときに使います。強力粉よりタンパク質量が少ないのが特徴で、10.5 〜 11％のものを使っています。

薄力粉

フランスパン用の粉がないときや、軽い食感を出したいときに使います。強力粉にブレンドすることで生地に軽さが出てきます。

全粒粉

小麦を丸ごと挽いた粉で、お米でいうと「玄米」のようなものです。外皮ごと含んでいるので栄養価が高く、素朴な風味と食感に。食物繊維が多いので、たくさん入れると膨らみにくくなります。

Yeast

インスタントドライイースト

この本で、パンを膨らませるのに使っているのは、フランス「サフ社」のインスタントドライイーストです。その中でも、赤が一般的でどのパンにも使いやすいと思います。開封したら瓶や密封容器に移して冷蔵庫で保管しています。長期保存になりそうなら冷凍保存がおすすめです。

Salt and Suger

塩

基本的に粗塩を使っています。ときどき、岩塩も登場しますが、それほどたくさん使うわけではないので、種類はさほど気にしなくて大丈夫。普段、お料理に使うものを使ってください。

砂糖

材料に「砂糖」とあるのは、上白糖を指します。料理などに使っている方が多いおなじみの砂糖です。お好みで、きび砂糖や甜菜糖などに替えても問題ありません。

Oil

バター

この本でのバターは無塩バターが基本です。生地に加えることで、生地の膨らみを維持しやすく、焼き上がりにボリュームが出やすくなります。生地に混ぜ込むときは室温に戻し、簡単につぶせるくらいやわらかくしてから使います。

オリーブオイル

フォカッチャなどの生地にはオリーブオイルを使います。生地ができてからは混ざりにくいので、他の材料と一緒に最初から加えてください。焼くときに塗って表面のツヤを出したり、ハードパンの切り込みにたらして焼けば、美しい割れ目のような模様ができあがります。

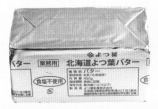

Part 1

油脂なし
基本の
シンプルパン

材料が少なく、油脂を加えずに作るヘルシーなパンです。本来油脂を加えないパンはふくらみにくいのですが、小麦粉に水分を加えて休ませることで、粉の中心部まで水分が浸透して、油脂を加えなくてもうまく膨らむパンが作れます。卵や乳製品のアレルギーをお持ちの方や、健康を気遣う方にも安心して楽しんでもらえるでしょう。水分の一部を牛乳に替えたり、粉の一部や具を変えることで味わいの変化が楽しめます。

パンが意外に
簡単にできることを
このレシピで
実感してください

究極のこねない食パン P14

| 混ぜる | 休ませる | 伸ばして
たたむ | 一次発酵 | 丸める | ベンチ
タイム | 成形 | 二次発酵 | 焼く |
|---|---|---|---|---|---|---|---|---|
| 1分 | 30分 | 1分 | 30~40分 | 1分 | 15分 | 5分 | 1時間 | 30分 |

究極のこねない食パン

最低限必要な材料で作れ、甘さ控えめで、どんな食事にも合わせやすいパンです。季節を問わず、同じ時間で焼き上がります。このレシピでパン作りのコツをつかんで。

材料（1斤分、正方形ふた付き型）

［生地］
強力粉…300g
砂糖…大さじ3（30g）
塩…小さじ1（5g）
ドライイースト…小さじ1（4g）
ぬるま湯…210mℓ

下準備

●型の内側とふたに、キッチンペーパーや刷毛で、食用油かバター（分量外）を塗る。

●焼きはじめる少し前に、オーブンを180℃に予熱する。

ぬるま湯

強力粉

砂糖

塩

ドライ
イースト

生地を折りたたんだり、
休ませることで
こねなくても生地に
弾力が出ます。

1

容器に生地の材料をすべて入れる。

2

カードを使い、粉っぽい部分がなくなるまでよく混ぜ合わせる。

3

混ぜ終わった生地を、容器いっぱいに広げる。

4

小麦粉に水分をしっかり
吸わせて、グルテンを
作りやすくします。

ふたをして、室温で30分ほど休ませる。

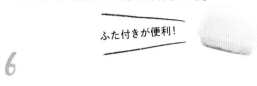

ふた付きが便利！

5

休ませると
よく伸びる！

30分後、カードで生地を伸ばして折りたたんだり、
重ねたりを10回ほど繰り返す。

6

生地をまとめ、容器の中心に寄せてふたをする。

7

生地の中は25℃前後に
温まって発酵しやすく
なります。

ひと回り大きな容器に約60℃の湯を入れ、生地
の容器を湯せんで温める（一次発酵）。

8

30〜40分後、生地が2〜2.5倍になれば一次
発酵が完了。

9

容器から作業台に生地を取り出す。打ち粉（強力
粉／分量外）をふり、手で押してガス抜きをする。

10

生地を何度かたたんで、生地の弾力を強化する。

11

カードで2等分する。スケールを使い、正確に計量する。

12

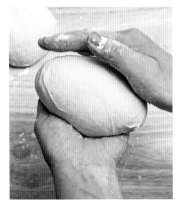

生地のシワのない部分を広げ、張りが出るように丸める。

13

室温で15分ほど休ませる(ベンチタイム)。

14

休ませた生地を、手で押してガス抜きをする。

15

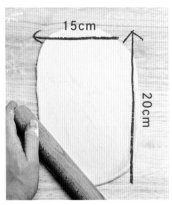

めん棒で生地の端まで空気を出しながら、15×20cmくらいに伸ばす。

16

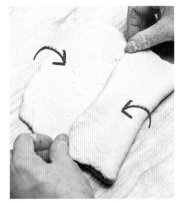

手で長方形になるように形を整え、角を合わせて内側に2回折りたたむように、3等分に折る。

17

手前からくるくると巻く。もう1つも同様に成形する。

18

生地の巻き終わりを下にして、型の中に入れてふたをする。

19

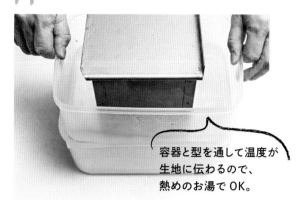

容器と型を通して温度が生地に伝わるので、熱めのお湯で OK。

ひと回り大きな容器に約80℃の湯を入れ、型をのせた容器を湯せんで温める。

20

熱い蒸気を行き渡らせます。

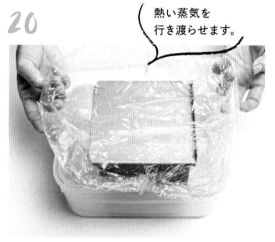

シャワーキャップを全体にかぶせる（二次発酵）。

21

1時間後、生地が3倍になり、型の高さから2cm下までふくらんだところで、180℃に予熱したオーブンで30分焼く。

22

焼き上がったらすぐにふたを取り、型を台などに数回打ち付け、型から取り出す。

23

焼き上がったら、網にのせて冷ます。

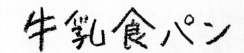

牛乳食パン

水分に牛乳を加えた生地は、程よい
弾力でふわふわに焼き上がります。
シンプルな材料で作りやすく、ほん
のりした甘さがあって、こちらもどん
な食事にも合う優しいおいしさです。

混ぜる	休ませる	伸ばして たたむ	一次発酵	丸める	ベンチ タイム	成形	二次発酵	焼く
1分	**30**分	**1**分	**30~40**分	**1**分	**15**分	**5**分	**1**時間	**30**分

材料 （1斤分、9.5 × 18cm型）

- -

［生地］
強力粉…300g
砂糖…大さじ3（30g）
塩…小さじ1（5g）
ドライイースト…小さじ1（4g）
牛乳…160mℓ
熱湯…80mℓ

下準備

●型の内側に、キッチンペーパーや刷毛で、食用油かバター（分量外）を塗る。

●焼きはじめる少し前に、オーブンを180℃に予熱する。

山型食パンの
基本的な作り方を
マスター！

A

B

作り方

1 牛乳と熱湯を合わせて、40℃くらいにする。

2 容器に生地の材料をすべて入れ、カードを使い、粉っぽい部分がなくなるまでよく混ぜ合わせる。

3 混ぜ終わった生地を容器いっぱいに広げる。ふたをして室温で30分ほど休ませる。

4 30分後、カードで生地を伸ばして折りたたんだり、重ねたりを10回ほど繰り返す。

5 生地をまとめ、容器の中心に寄せてふたをする。ひと回り大きな容器に約60℃の湯を入れ、生地の容器を湯せんで温める（一次発酵）。

6 30 〜 40分後、生地が2 〜 2.5倍になれば一次発酵が完了。容器から作業台に生地を取り出す。打ち粉（強力粉 / 分量外）をふり、手で押してガス抜きをする。

7 カードで2等分する(スケールで正確に計量する)。生地のシワのない部分を広げ、張りが出るように丸める。室温で15分休ませる（ベンチタイム）。

8 休ませた生地を、手で押してガス抜きをする。めん棒で生地の端まで空気を出しながら、15×20cmに伸ばす。

9 手で長方形になるように形を整え、角を合わせるように3等分に折る。手前からくるくる巻く。残りも同様にする

10 生地の巻き終わりを下にして型の両端に入れる（**A**）。ひと回り大きな容器に約80℃の湯を入れ、型をのせた容器を湯せんで温める。シャワーキャップを全体にかぶせる（二次発酵）。

11 1時間後、生地が3倍になり、型の高さから1cm上まで膨らんだところで（**B**）、180℃に予熱したオーブンで30分焼く。

12 焼き上がったら、台などに数回打ち付けて型から取り出す。網にのせて冷ます。

油脂なし基本のシンプルパン

抹茶と甘納豆の食パン

抹茶の生地に甘納豆を加えた和風の組み合わせは、女性に人気。ふわふわの生地に抹茶のほろ苦い風味が広がり、小豆の甘さが後を引きます。鮮やかな緑色の断面も魅力です。

混ぜる	休ませる	伸ばして たたむ	一次発酵	成形	二次発酵	焼く
1分	30分	1分	30~40分	5分	1時間	25分

さつまいもと黒ごまの食パン

黒ごまを混ぜ込んだプチプチとした食感の生地に、ゆでたさつまいもをゴロゴロ入れて食感のコントラストがおいしいパン。油脂の入らないシンプルな生地ですが、しっとりふわふわ。

型に入れるときの
ひと工夫で、
それぞれ特徴的な
生地になります。

混ぜる	休ませる	混ぜ込み	一次発酵	成形	二次発酵	焼く
1分	30分	2分	30~40分	10分	1時間	30分

抹茶と甘納豆の食パン

材料 (1斤分、9.5×18cm型)

- -

［生地］
強力粉…300g
抹茶パウダー…10g
砂糖…大さじ3（30g）
塩…小さじ2/3（3g）
ドライイースト…小さじ1（4g）
ぬるま湯…220ml

甘納豆…60g

（下準備）

● 型の内側に、キッチンペーパーや刷毛
で、食用油かバター（分量外）を塗る。
● 焼きはじめる少し前に、オーブンを
180℃に予熱する。

抹茶と甘納豆の食パン／さつまいもと黒ごまの食パン

分割せずに型に
入れて焼くので、
どこを切っても
渦巻模様に。

作り方

1 容器に生地の材料をすべて入れる。カードを使い、粉っぽい部分がなくなるまでよく混ぜ合わせる。

2 混ぜ終わった生地を容器いっぱいに広げる。ふたをして室温で30分ほど休ませる。

3 30分後、カードで生地を伸ばして折りたたんだり、重ねたりを10回ほど繰り返す。

4 生地をまとめ、容器の中心に寄せてふたをする。ひと回り大きな容器に約60℃の湯を入れ、生地の容器を湯せんで温める（一次発酵）。

5 30〜40分後、生地が2〜2.5倍になれば一次発酵が完了。容器から作業台に生地を取り出す。打ち粉（強力粉/分量外）をふり、手で押してガス抜きをする。

6 表面に打ち粉をふり、めん棒で生地の端まで空気を出しながら、20×30cmくらいに伸ばす。

7 伸ばした生地に甘納豆をまんべんなく散らす。手前から強めにくるくる巻いて（**A**）、型の幅に合わせて整える。

8 巻き終わりを下にして型に入れる（**B**）。ひと回り大きな容器に約80℃の湯を入れ、型をのせた容器を湯せんで温める。シャワーキャップを全体にかぶせる（二次発酵）。

9 1時間後、生地が3倍になり、型の高さから1cm上まで膨らんだところで、180℃に予熱したオーブンで25分焼く。

10 焼き上がったらすぐに、台などに数回打ち付けて型から取り出す。網にのせて冷ます。

さつまいもと黒ごまの食パン

材料（1斤分、9.5×18cm型）

［生地］
強力粉…300g
砂糖…大さじ3（30g）
塩…小さじ1（5g）
ドライイースト…小さじ1（4g）
ぬるま湯…240mℓ

黒いりごま…40g
さつまいも…300g

下準備

● 型の内側に、キッチンペーパーや刷毛で、食用油かバター（分量外）を塗る。
● 焼きはじめる少し前に、オーブンを180℃に予熱する。

作り方

1 容器に生地の材料をすべて入れ、カードを使い、粉っぽい部分がなくなるまでよく混ぜ合わせる。

2 混ぜ終わった生地を容器いっぱいに広げる。ふたをして室温で30分ほど休ませる。

3 30分後、黒いりごまを加えて、カードで生地を伸ばして折りたたんだり、重ねたりしながら黒ごまを混ぜ込む（A）。

4 生地をまとめ、容器の中心に寄せてふたをする。ひと回り大きな容器に約60℃の湯を入れ、生地の容器を湯せんで温める（一次発酵）。

5 30〜40分後、生地が2〜2.5倍になれば一次発酵が完了。容器から作業台に生地を取り出す。打ち粉（強力粉／分量外）をふり、手で押してガス抜きをする。

6 表面に打ち粉をふり、めん棒で生地の端まで空気を出しながら、20×30cmくらいに伸ばす。

7 伸ばした生地にさつまいもを均等に散らし、手前から強めにくるくる巻く（B）。10等分に切って（C）、少しずつずらしながら型に入れる（D）。

8 ひと回り大きな容器に約80℃の湯を入れ、型をのせた容器を湯せんで温める。シャワーキャップを全体にかぶせる（二次発酵）。

9 1時間後、生地が3倍になり、型の高さの1cm上まで膨らんだところで、180℃に予熱したオーブンで30分焼く。

10 焼き上がったら、台などに数回打ち付けて型から取り出す。網にのせて冷ます。

材料（6個分）

- -

［生地］
強力粉…200g
砂糖…大さじ2（20g）
塩…小さじ1/2（3g）
ドライイースト…小さじ2/3（3g）
ぬるま湯…140ml

下準備

● 天板にオーブンシートを敷き込む。

● 焼きはじめる少し前に、オーブンを
　160℃に予熱する。

丸め直すことで
キメが整い、
膨らみやすく。

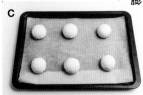

低温で焼くことで
焼き色がつかず、
やわらかく
焼き上がります。

1 容器に生地の材料をすべて入れ、カードで切ったり伸ばしたりしながら2分ほどよく混ぜる。

2 生地をまとめ、容器の中心に寄せてふたをする。ひと回り大きな容器に約60℃の湯を入れ、生地の容器を湯せんで温める（一次発酵）。

3 30〜40分後、生地が2〜2.5倍になれば一次発酵が完了。容器から作業台に生地を取り出す。打ち粉（強力粉/分量外）をふり、手で押してガス抜きをする。

4 カードで6等分する（スケールで正確に計量する/**A**）。生地のシワのない部分を広げ、張りを出すように丸める。室温で15分休ませる（ベンチタイム）。

5 休ませた生地の空気を出し、再度丸め直す（**B**）。とじ目を下にして天板に等間隔で並べ（**C**）、乾いた布をかける（二次発酵）。

6 30〜40分後、生地が2倍に膨らんだら、茶こしで強力粉（分量外）をふりかける（**D**）。箸で生地の厚さの半分まで押し付ける（**E**）。

7 160℃に予熱したオーブンで12分焼く。

白パン

余分なものを入れずにやわらかく焼き上げ
た、赤ちゃんでも安心して食べられるパン。
型がいらないので、初心者向きです。

混ぜる	一次発酵	丸める	ベンチ タイム	成形	二次発酵	仕上げ	焼く
2分	30〜40分	2分	15分	2分	30〜40分	1分	12分

Q&A その1

やさいのひチャンネルの動画には、毎日さまざまなコメントが届きます。パン作りを始めると、毎回いろんな疑問が生まれてくるのは当然のことです。これまで、コメントにいただく質問には真剣にお答えしてきましたので、そんな質問の一部をご紹介します。

Q1

どうして、こねなくても保存容器の中で作れるの？

A 小麦粉に水分をよく混ぜて休ませることで、生地のつながりが良くなります。水分をしっかり吸った小麦粉はグルテンができやすくなり、伸ばしたりたたんだりするだけで生地の弾力が強まるので、こねたパンと同じように焼くことができます。「こねない生地」のレシピは通常より水分が多いのが特徴です。混ぜるだけで小麦粉に十分な吸水ができ、伸ばしたりたたんだりしていくうちにグルテンの網目が強化されて、こねなくてもうまくふくらんだパンになります。

Q2

ドライイーストよりも天然酵母を使ったほうがいい？

A 日本ではまったく言葉が違うために、「ドライイーストよりも天然酵母のほうが体にいい」というイメージがあるみたいですね。でも、実は「イースト」とは酵母の意味。天然酵母は穀物や果物などから酵母を培養して作るもの、ドライイーストは工場で培養したもので、どちらも同じ自然界のものから作られています。天然酵母でパンを作ろうとすると、発酵に時間がかかるし安定しませんので、家庭で気軽に作るパンには、安定して発酵するドライイーストがおすすめです。

Q3

レシピの分量を
2倍にする場合、
または半分にするなど、
量を変えて作りたいのですが
材料の配分は
どうしたらいいですか?

A レシピの分量を増やす場合も減らす場合も、基本的に材料の量はすべて等倍にしてください。粉1kg以上で作る場合は、イーストだけを減らしても大丈夫です。型の大きさが違う場合などは、容量を量って計算してください。型の容量は、型いっぱいに水を入れて、その水量を量ればわかります。

Q4

ぬるま湯って
どれくらいの温度ですか?

A パン生地に加えるぬるま湯は、35〜40℃が適温です。生地を温めて発酵しやすくするのが目的ですので、寒い季節は少し熱めにし、夏場は温度を下げるなど季節に合わせて調節をしてください。冷たい材料などを加えるときも、熱湯と合わせて適温にするのがおすすめです。

35℃〜40℃

Q5

粉に加える水分を
豆乳やジュース、
卵など他の水分に
変えてもいいですか?

A レシピのぬるま湯を牛乳、生クリーム、卵、豆乳など部分的に代用するのは可能です。ただ、水分のタンパク質量が多くなると膨らみにくくなりますので、たくさん入れすぎないようにしてください。特に、豆乳と卵はタンパク質量が多いので、100%にしてしまうとかなり生地が詰まったようなパンになります。ジュースや、すりおろした野菜や果物は、固形分以外なら100%で加えても大丈夫です。ただし、甘さがあるものは、砂糖の量を加減してください。

Q6

ベンチタイムと発酵は
どう違いますか?

A ベンチタイムは、生地をゆるませて次の作業をしやすくするために行います。特に、ガス抜きして丸めた生地は目が詰まって伸びにくくなっているので、ベンチタイムで生地をやわらかくして伸ばしやすくすることで、形が作りやすくなるのです。一方、発酵とは、生地の中に炭酸ガスとアルコールが発生して生地を膨らませることです。発酵させることで、ふんわりとした弾力のあるやわらかい食感になっていきます。うまく発酵すると、パンに独特の風味や香り、旨味を生み出す効果があります。

Part 2

体もよろこぶ
全粒粉を使った
田舎パン

小麦粉に全粒粉を配合した、独特の風味が特徴の田舎風パンです。素朴な見た目のとおり、噛むほどにしみじみとおいしさを感じられます。また、食物繊維が豊富で、健康管理にもぴったりなヘルシーなパンです。短時間で作るより、ゆっくりと時間をかけると熟成して旨味が増し、日持ちがします。中に入れる具のアレンジも自在、フルーツやチーズとの相性が抜群！

天板に出して
まとめるだけなので
極狭キッチンでも
簡単にできます。

長時間熟成カンパーニュ P30

混ぜる	休ませる	伸ばしてたたむ + 発酵 ×5〜6回	成形	ベンチ タイム	仕上げ	焼く
1分	**10**時間	**10**時間	**5**分	**15**分	**1**分	**25**分

長時間熟成 カンパーニュ

少量のイーストで長時間ゆっくり発酵させ、生地の旨味を引き出します。丸1日かけて生地を"育てる"と、どんどんおいしくなるパンです。素朴な生地でサンドイッチにもぴったり。

材料（焼き上がり直径約15cm 1個分）

- -

［生地］
強力粉…280g
全粒粉…20g
砂糖…小さじ1（3g）
塩…小さじ1（5g）
ドライイースト…小さじ1/4（1g）
水（冬期はぬるま湯）…240㎖

オリーブオイル…小さじ1〜2

下準備

● 焼きはじめる少し前に、オーブンを250℃に予熱する。

高温のオーブンで生地を一気にふくらませると、切り込みがきれいに開きます。

1

容器に生地の材料をすべて入れる。

2

カードを使い、粉っぽい部分がなくなるまでよく混ぜ合わせる。

3

混ぜ終わった生地を、容器いっぱいに広げる。

4

ふたをして、室温でひと晩（10時間ほど）置く（室温が20℃以上になるときは、冷蔵庫に入れる）。

5

厚さはこれくらい！

翌朝、生地が2〜2.5倍にふくらんでいる。

6

カードで生地を伸ばして折りたたんだり、重ねたりを10回ほど繰り返す。

7

生地をまとめて、容器の中心に寄せてふたをして室温に置く（一次発酵）。

8

生地が2〜2.5倍にふくらんだら、カードで生地を伸ばしてガス抜きをし、たたんだり重ねたりを4〜5回繰り返す。

ガス抜きと発酵を
繰り返すことで、
生地がもっちりします。

9

再度ふたをして室温に置き、⑧の作業を繰り返し
て熟成させる（10時間ほどの間で伸ばしてたたむ
＋発酵を5〜6回が目安）。

10

焼きたいタイミングに合わせ、生地を3倍にふく
らませる。生地にたっぷり打ち粉（強力粉／分量
外）をふり、ガス抜きせずに、そっと天板へのせる。

11

生地を周りから集めるようにして、中央でとめる。
下になっている生地をピンと張らせるように。

12

とじ目が底の中心になるように、そっと上下を返し
て、形を丸く整える。

長時間熟成カンパーニュ

13

室温に15分ほど置く（ベンチタイム）。

14

打ち粉をふり、表面に十字の切り込みを入れる（深
さ5mmくらい）。

15

焼く間に熱くなった
オリーブオイルで、さらに
切り込みがきれいに
開きます。

切り込みにオリーブオイルをたらし、250℃に予
熱したオーブンで25分ほど焼く。

気泡の入った
生地になります。
時間はかかるけど
テクニックはいらない。
実は初心者向きの
レシピです。

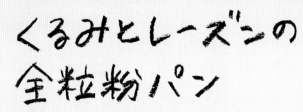

くるみとレーズンの全粒粉パン

全粒粉入りの生地には定番の、くるみとレーズンを入れて。こんなにたっぷり具を入れられるのも、手作りならではです。ワインのおともにもぴったりですよ。

混ぜる	休ませる	混ぜ込み	一次発酵	成形	二次発酵	焼く
1分	30分	2分	30~40分	5分	15分	30~40分

材料 （焼き上がり直径約 15㎝ 1 個分）

- -

［生地］
強力粉…200g
全粒粉…50g
砂糖…小さじ1（3g）
塩…小さじ1（5g）
ドライイースト…小さじ1（4g）
ぬるま湯…190㎖

くるみ…60g
レーズンの洋酒漬け
（またはレーズンをぬるま湯で
やわらかく戻す）…100g

下準備

● くるみは180℃のオーブンで5分焼き、
粗く刻む（**A**）。

● レーズンはキッチンペーパーで水分を
ふき取る（**B**）。

● 天板にオーブンシートを敷き込む。

● 焼きはじめる少し前に、オーブンを
220℃に予熱する。

A

B

C

どこを食べても
具が入っていて、
味のバランスが
いいパンです。

1 容器に生地の材料をすべて入れ、カードを使い、
粉っぽい部分がなくなるまでよく混ぜ合わせる。

2 混ぜ終わった生地を容器いっぱいに広げる。ふ
たをして室温で30分ほど休ませる。

3 30分後、くるみとレーズンを加えて（**C**）、生地で
具を包み、具のない部分を切って重ねるように
混ぜ込む。

4 生地をまとめ、容器の中心に寄せてふたをする。
ひと回り大きな容器に約60℃の湯を入れ、生地
の容器を湯せんで温める（一次発酵）。

5 30 〜 40分後、生地が2 〜 2.5倍になれば一次
発酵が完了。容器から作業台に生地を取り出し、
打ち粉（強力粉／分量外）をふって、手で押して
ガス抜きをする。

6 生地のシワのない部分を広げ、張りを出すよう
に球形に丸める。具が飛び出していたら生地に
押し込む。

7 天板にのせて15分以上置く（二次発酵）。

8 生地が1.5倍に膨らんだら発酵完了。生地が横
に広がっていたら、カードで寄せて丸く整える。

9 220℃に予熱したオーブンで30 〜 40分焼く。

体もよろこぶ全粒粉を使った田舎パン

材料 （焼き上がり直径約15cm 1個分）

- -

［生地］

フランスパン用粉…200g

全粒粉…50g

砂糖…小さじ1（3g）

塩…小さじ1（5g）

シナモンパウダー…小さじ1（2g）

ドライイースト…小さじ1（4g）

ぬるま湯…190mℓ

りんご…正味200g

`下準備`

●りんごは皮と種を除いて計量し、1cm
　角に切る。

●天板にオーブンシートを敷き込む。

●焼きはじめる少し前に、オーブンを
　220℃に予熱する。

りんごとシナモンのカンパーニュ

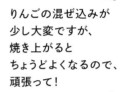

りんごの混ぜ込みが
少し大変ですが、
焼き上がると
ちょうどよくなるので、
頑張って！

1 容器に生地の材料をすべて入れ、カードを使い、粉っぽい部分がなくなるまでよく混ぜ合わせる。

2 混ぜ終わった生地を容器いっぱいに広げる。ふたをして室温で30分ほど休ませる。

3 30分後、生地を伸ばして折りたたんだり、重ねたりを10回ほど繰り返す。

4 生地をまとめ、容器の中心に寄せてふたをする。ひと回り大きな容器に約60℃の湯を入れ、生地の容器を湯せんで温める（一次発酵）。

5 30 〜 40分後、生地が2 〜 2.5倍になれば一次発酵が完了。容器の中にりんごを入れて、生地で包むように混ぜ込む（A）。りんごをつぶさないように気をつける。

6 作業台に生地を取り出し、打ち粉（強力粉/分量外）をたっぷりふる。生地を回しながら生地の表面を張らせるように球形に丸め、生地の厚い部分を広げてりんごを包み込むように丸く整える（B）。天板にのせて15分以上置く（二次発酵）。

7 生地が2倍に膨らんだら発酵完了。生地が横に広がっていたら、カードで寄せて丸く整える。

8 生地の表面に、深さ5mmほどの十字の切り込みを入れる。

9 220℃に予熱したオーブンで30分焼く。

りんごとシナモンの
カンパーニュ

全粒粉とシナモンが香る生地に、あふれるほどのりんごを混ぜ込んで。生地自体は甘くないので、程よく加熱されたジューシーなりんごの甘さが引き立ちます。

混ぜる	休ませる	伸ばして たたむ	一次発酵	混ぜ込み	成形	二次発酵	仕上げ	焼く
1分	30分	2分	30~40分	2分	5分	15分	1分	30分

パンのおとも

パンはそれだけでもおいしいですが、白いごはんと同じように、「おとも」があると食べる楽しさが倍増します。ここではベーシックなジャムの作り方と、パンと合わせて食べたい具だくさんのスープをご紹介しましょう。

他の果実でも
同じように
作れます。

いちごジャム

旬のいちごはもちろんのこと、冷凍いちごでも電子レンジを使えば、10分足らずで手作りジャムが完成します。最近では冷凍いちごの品質が上がり、一年中買うことができるのでシーズン以外はおすすめです。長期保存には向いていないので、作ったら数回で食べきりましょう。

材料 (作りやすい分量)

いちご (生・冷凍どちらでも) …200g
砂糖…70 〜 100g
レモン汁…小さじ1 〜 2

A

作り方

1 いちごはへたをとって耐熱容器に入れ、砂糖とレモン汁を加えて混ぜる(**A**)。

2 ラップをかけ、600Wの電子レンジで3分加熱する。

3 取り出して全体を混ぜ、ラップをかけずに、さらに5分加熱する。

ミネストローネ

野菜がたくさん食べられて、体が温まるミネストローネはパンと相性が抜群です。時間があるときにたっぷりと作って冷凍しておくと、忙しい日に重宝します。野菜の分量は目安ですから、季節に合わせてさまざまな野菜を入れて、自由に作ってみてください。好みのハーブを入れてもおいしいです。

材料（8人分）

玉ネギ…1個（200g）
キャベツ…600g
セロリ…80g
ニンジン…80g
ベーコン…100g
ニンニク…1片
トマトピューレ
（またはトマトの水煮缶）…400g
塩…小さじ1
オリーブオイル…大さじ4
水…1〜1.2ℓ

作り方

1 ニンニクはみじん切りに、その他の野菜とベーコンは1cm角に切る。

2 鍋にオリーブオイルとニンニクを入れて中火にかけ、ニンニクの香りが立ったら、野菜とベーコンを加える。すぐに塩も加えて炒める。

3 具のかさが半分くらいになったら、トマトピューレと水を加え、野菜がやわらかくなるまで煮込む。

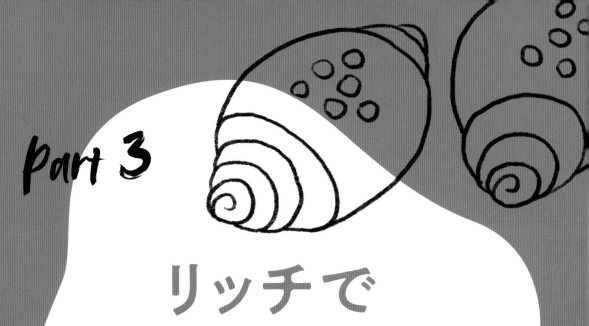

Part 3

リッチで
ふわふわ
バター入りパン

少量のバターを加えるだけで、生地はボリューム
が出やすく、ふわふわに焼き上がります。ここで
は生地を休ませてからバターを混ぜ込む方法と、
最初からバターを溶かして加える方法の2種類
の作り方を、作りたいパンの仕上がりによって変
えています。キメのそろったなめらかな生地にな
りやすく、バターの量によって風味が変わります。
リッチでやわらかいパンを作りたいときにおすす
めです。

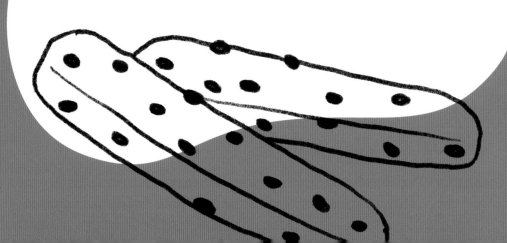

お店みたいな
生食パンが
自宅でできるんです。

こねないバター入り生食パン P42

混ぜる	休ませる	バターを混ぜ込む	一次発酵	丸める	ベンチタイム	成形	二次発酵	焼く
1分	**30**分	**5**分	**30~40**分	**1**分	**15**分	**5**分	**1**時間	**25**分

こねない
バター入り生食パン

こねずに時間をかけて熟成させることで、弾力のある、キメが整った口どけのいい生地に焼き上がります。はちみつの優しい甘さが上品に広がって、何もつけなくてもおいしいパンです。

材料 （1斤分、正方形ふた付き型）

- -

［生地］
強力粉…270g
はちみつ…大さじ2（20g）
塩…小さじ1（5g）
ドライイースト…小さじ1（4g）
牛乳…160mℓ
熱湯…50mℓ
無塩バター…20g

強力粉　牛乳　熱湯　塩　はちみつ　ドライイースト　無塩バター

下準備

● バターを室温でやわらかくする。
● 型の内側とふたに、キッチンペーパーや刷毛で、
　食用油かバター（分量外）を塗る。
● 焼きはじめる少し前に、オーブンを170℃に予熱する。

低温のオーブンで
焼くことで耳まで
やわらかく
焼き上がります。

作り方

1

牛乳と熱湯を合わせて、40℃くらいにする。

2

容器にバター以外の材料をすべて入れ、カードを使って粉っぽい部分がなくなるまでよく混ぜ合わせる。

3

混ぜ終わった生地を、容器
いっぱいに広げる。ふたをし
て、室温で30分ほど休ませる。

4

バターがよく
混ざると、生地が
ふわっとしてきます。

30分後、やわらかくしたバターを入れ、生地とバ
ターを一緒に切るようにして、ふんわりするまで
混ぜ込む。

5

完全に混ざったら、生地をまとめ、容器の中心に
寄せてふたをする。

6

ひと回り大きな容器に約60℃の湯を入れ、生地
の容器を湯せんで温める（一次発酵）。

7

30〜40分後、生地が2〜2.5倍になれば一次
発酵が完了。

8

容器から作業台に生地を取り出す。打ち粉（強力
粉／分量外）をふり、手で押してガス抜きをする。

9

生地のキメを整えて、
弾力を作るため。

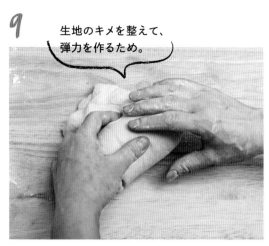

生地を3等分に折り、手前からくるくる巻く。

10

こんなふうに
丸めてベンチタイム

生地を丸く整えて、室温で15分ほど休ませる（ベンチタイム）。

11

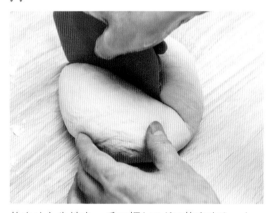

休ませた生地を、手で押してガス抜きする。カードで2等分にする。

12

生地のシワのない部分を広げ、張りが出るように丸める。

13

ここでしっかり空気を
出すと、なめらかな生地に。

15cm

20cm

めん棒で生地の端まで空気を出しながら、15×20cmくらいに伸ばす。

14

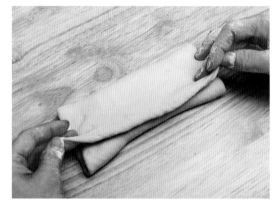

手で長方形になるように形を整え、角を合わせるように3等分に折る。

15

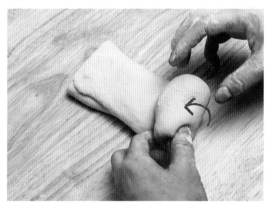

手前からくるくる巻く。もう1つも同様に成形する。

16

生地の巻き終わりを下にして型に入れ、ふたをする。

17

ひと回り大きな容器に約80℃の湯を入れ、型をのせた容器を湯せんで温める。シャワーキャップを全体にかぶせる(二次発酵)。

18

バター入りの生地は
発酵しやすいので、
早めに確認を。

1時間後、生地が3倍になり、型の高さから2cm下までふくらんだところで、170℃に予熱したオーブンで25分ほど焼く。

19

焼き上がったらすぐにふたを取り、台などに数回打ち付け、型から取り出す。網にのせて冷ます。

ふわっふわなので
そのまま食べるのが
おすすめ。

材料（1斤分、9.5×18cm型）

［生地］
強力粉…300g
砂糖…大さじ3（30g）
塩…小さじ2/3（4g）
ドライイースト…小さじ1（4g）
冷凍いちご…120g
熱湯…120ml
無塩バター…20g

下準備

●バターを室温でやわらかくする。

●型の内側に、キッチンペーパーや刷毛で、食用油かバター（分量外）を塗る。

●焼きはじめる少し前に、オーブンを170℃に予熱する。

生のいちごは
つぶしにくいので、
使う場合は冷凍するか
加熱して。

A

B

生地全体が
ピンクになるまで
混ぜ込んで。

作り方

1 冷凍いちごは容器に入れて自然解凍し、マッシャーでつぶす（**A**）。熱湯を注ぎ、40℃くらいにする。

2 容器に、バター以外の生地の材料をすべて入れ、カードを使って粉っぽい部分がなくなるまでよく混ぜ合わせる。混ぜ終わった生地を容器いっぱいに広げ（**B**）、ふたをして室温で30分ほど休ませる。

3 30分後、やわらかくしたバターを入れ、生地とバターを一緒に切るようにして、ふんわりするまで混ぜ込む。

4 完全に混ざったら生地をまとめ、容器の中心に寄せてふたをする。ひと回り大きな容器に約60℃の湯を入れ、生地の容器を湯せんで温める（一次発酵）。

5 30〜40分後、生地が2〜2.5倍になれば一次発酵が完了。容器から作業台に生地を取り出す。打ち粉（強力粉/分量外）をふり、手で押してガス抜きをする。

6 カードで2等分にして、生地のシワのない部分を広げ、張りが出るように丸める。室温で15分ほど休ませる（ベンチタイム）。

7 めん棒で生地の端まで空気を出しながら、15×20cmに伸ばす。手で長方形になるように形を整え、角を合わせるように3等分に折り、手前からくるくる巻く。残りも同様にする。

8 生地の巻き終わりを下にして型の両端に入れる。

9 ひと回り大きな容器に約80℃の湯を入れ、型をのせた容器を湯せんで温める。シャワーキャップを全体にかぶせる。（二次発酵）

10 1時間後、生地が3倍になり、型の高さより1cm上まで膨らんだところで、170℃に予熱したオーブンで30分焼く。

11 焼き上がったらすぐに、台などに数回打ち付けて型から取り出す。

いちご食パン

いちごの甘い香りが広がったピンク色の生地に種のプチプチがアクセント。クリームチーズや生クリームと相性がいい、ふんわりと伸びのいい生地です。

混ぜる	休ませる	バターを混ぜ込む	一次発酵	丸める	ベンチタイム	成形	二次発酵	焼く
1分	30分	5分	30~40分	1分	15分	5分	1時間	30分

折りこみなしのデニッシュ食パン

バターがしみたしっとり部分とサクサクした部分のメリハリが魅力。どこを切っても濃厚なバターのおいしさが広がります。

混ぜる	休ませる	バターを混ぜ込む	一次発酵	成形	二次発酵	仕上げ	焼く
1分	30分	5分	30~40分	15分	1時間	1分	25分

材料 （1斤分、9.5 × 18cm型）

- -

［生地］

強力粉…250g

砂糖…大さじ2（20g）

塩…小さじ1（5g）

ドライイースト…小さじ1（4g）

溶き卵…30g

生地用の無塩バター…20g

牛乳…50mℓ

熱湯…100mℓ

折りこみ用の無塩バター…60g

溶き卵（仕上げ用）…10g

下準備

● 生地用のバターを室温でやわらかくする。

● 折りこみ用のバターは1cm角に切って冷蔵庫で冷やす。

● 型の内側に、キッチンペーパーや刷毛で、食用油かバター（分量外）を塗る。

● 焼きはじめる少し前に、オーブンを190℃に予熱する。

1

牛乳と熱湯を合わせて、40℃くらいにする。

2

容器に、バター以外の材料をすべて入れ、カードを使って粉っぽい部分がなくなるまでよく混ぜ合わせる。

3

混ぜ終わった生地を容器いっぱいに広げ、ふたをして室温で30分ほど休ませる。

4

30分後、やわらかくしたバターを入れ、生地とバターを一緒に切るようにして、ふんわりするまで混ぜ込む。

5

生地を容器いっぱいに広げ、ふたをする。ひと回り大きな容器に約60℃の湯を入れ、生地の容器を湯せんで温める（一次発酵）。

6

30〜40分後、生地の厚さが2〜2.5倍になれば一次発酵が完了。容器から作業台に生地を取り出す。打ち粉（強力粉/分量外）をふり、手で押してガス抜きをする。

7

手で伸ばして30cm角になるように形を整える。

8

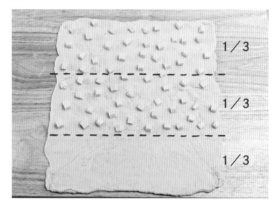

1/3

1/3

1/3

冷やしておいたバターを重ならないように散らす。
生地の手前1/3は空けておく。

9

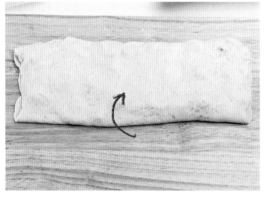

手前の生地を持って、向こう側に三つ折りにする
（1回目）。

10

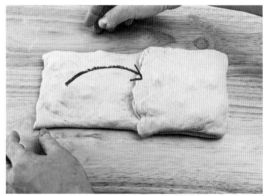

生地の表面を軽く押さえて厚さを均等にして、向
きを変えて三つ折りにする（2回目）。

11

バターが溶けない
ように、手早く。

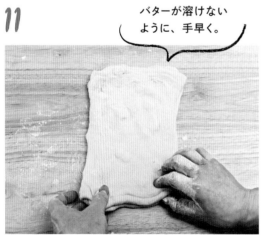

三つ折りにした生地の表面を手で押して2倍の大
きさに伸ばす。

12

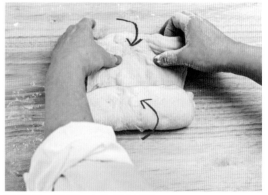

再度三つ折りにする（3回目）。

13

向きを変えて、もう一度三つ折りにする（4回目）。バターが飛び出したら生地に押し込む。

14

カードで生地を縦に4等分に切る。

15

切った生地を巻いて、巻き終わりを下にして型に入れる。

16

交互に並べて
入れることで、
バターの層ができます。

4つを少しずつずらしながら型に入れる。型にシャワーキャップをかぶせる。温まるとバターが流れやすいので、室温で発酵（二次発酵）。

17

膨らみやすいので
発酵の確認は早めに。

1時間後、生地が3倍になり、型の高さより1cm上まで膨らんだところで、表面に溶き卵を塗り、190℃に予熱したオーブンで25分焼く。

18

焼き上がったらすぐに、台などに数回打ち付けて型から取り出す。網にのせて冷ます。

リッチでふわふわバター入りパン

全粒粉の塩バターロール P55

混ぜる	一次発酵	丸める	ベンチ タイム	成形	二次発酵	仕上げ	焼く
2分	30~40分	2分	10分	10分	30~40分	1分	12~15分

ふんわりバターロール P53

混ぜる	休ませる	バターを 混ぜ込む	一次発酵	丸める
1分	15分	5分	30~40分	2分

ベンチ タイム	成形	二次発酵	仕上げ	焼く
10分	10分	30~40分	1分	12~15分

ふんわりバターロール

ふっくらとふくらんで弾力があり、ほんのりと甘い定番の食事パンです。つややかな焼き色がおいしそうで、どんな人にも好まれます。バター生地の入門としてマスターしてくださいね!

材料 (16個分)

- -

［生地］
強力粉…240g
砂糖…大さじ1 (10g)
塩…小さじ1 (5g)
ドライイースト…小さじ1 (4g)
牛乳…60mℓ
熱湯…110mℓ
無塩バター…25g

溶き卵 (仕上げ用) …10g

下準備

- バターを室温でやわらかくする。
- 天板にオーブンシートを敷き込む。
- 焼きはじめる少し前に、オーブンを190℃に予熱する。

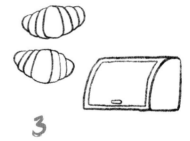

作り方

1

牛乳と熱湯を合わせて40℃くらいにする。

2

容器に生地の材料をすべて入れ、カードを使って粉っぽい部分がなくなるまでよく混ぜ合わせる。混ぜ終わった生地を容器いっぱいに広げる。ふたをして室温で15分ほど休ませる。

3

15分後、やわらかくしたバターを入れ、生地とバターを一緒に切るようにして、ふんわりするまで混ぜ込む。

4

完全に混ざったら、生地をまとめ、容器の中心に寄せてふたをする。ひと回り大きな容器に約60℃の湯を入れ、生地の容器を湯せんで温める（一次発酵）。

5

30〜40分後、生地が2〜2.5倍になれば一次発酵が完了。容器から作業台に生地を取り出す。打ち粉（強力粉／分量外）をふり、手で押してガス抜きをする。

6

この形で
ベンチタイム

生地を6等分に分け（スケールで正確に計量する）、転がしながら円錐形にする。10分ほど休ませる（ベンチタイム）。

7

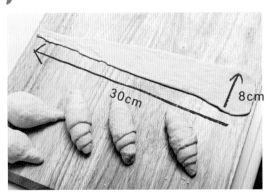

30cm
8cm

休ませた生地を手で平たく押し、先端を軽く引っ張りながらめん棒で幅8cm、長さ30cmの細長い三角形に伸ばす。

8

左右対称に
なるように。

生地の幅の広い方から、優しく転がしながら巻く。巻き終わりを下にして、天板に等間隔に並べる。

9

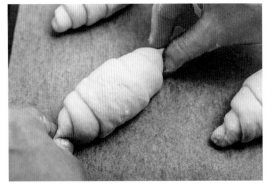

生地の両端を指でつまんで押さえ、形を整える。乾いた布をかけて温かいところに置く（二次発酵）。

10

30〜40分後、生地が2倍に膨らんだら表面に溶き卵を塗り、190℃に予熱したオーブンで12〜15分焼く。

ふんわりバターロール／全粒粉の塩バターロール

全粒粉の塩バターロール

全粒粉入りの棒状に切ったバターを巻き込んで作るバターロール。焼いている間にバターが流れ出て、底がカリカリに。トッピングした岩塩の塩気で生地のおいしさが増します。

材料（6個分）

- -

［生地］
強力粉…220g
全粒粉…30g
砂糖…小さじ2（10g）
塩…小さじ1（5g）
ドライイースト…小さじ1（4g）
ぬるま湯…180mℓ

無塩バター…30g
食用油…少々
岩塩…小さじ1/2

トッピングの岩塩は
大粒のものが
おすすめ。

下準備

● バターを棒状に6等分し、冷蔵庫で冷やす。
● 天板にオーブンシートを敷き込む。
● 焼きはじめる少し前に、オーブンを190℃に予熱する。

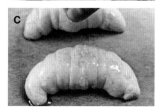

作り方

1 容器に生地の材料をすべて入れ、カードで切ったり伸ばしたりしながら2分ほどよく混ぜる。

2 生地をまとめ、容器の中心に寄せてふたをする。ひと回り大きな容器に約60℃の湯を入れ、生地の容器を湯せんで温める（一次発酵）。

3 30〜40分後、生地が2〜2.5倍になれば一次発酵が完了。容器から作業台に生地を取り出す。打ち粉（強力粉/分量外）をふり、手で押してガス抜きをする。

4 生地を6等分に分け（スケールで正確に計量する）、転がしながら円錐形にする。室温で10分休ませる（ベンチタイム）。

5 休ませた生地を手で平たく押し、先端を軽く引っ張りながらめん棒で幅8cm、長さ30cmの細長い三角形に伸ばす。

6 伸ばした生地の幅の広いほうに、棒状のバターをのせて巻き込む（**A**）。

7 巻き終わりを下にして、天板に等間隔に並べる。

8 生地の両端を指でつまんで押さえ（**B**）、乾いた布をかけて温かいところに置く（二次発酵）。

9 30〜40分後、生地が2倍に膨らんだら表面に食用油を塗り、岩塩を散らす（**C**）。190℃に予熱したオーブンで12〜15分焼く。

の補足
A
B
C

材料（容量600mlのパウンド型3台分）

[生地]
強力粉…270g
砂糖…大さじ2（20g）
塩…小さじ1（5g）
ドライイースト…小さじ1（4g）
プレーンヨーグルト…120g
熱湯…120ml
無塩バター…10g

下準備

● バターを室温でやわらかくする。
● 型の内側に、キッチンペーパーや刷毛で、食用油かバター（分量外）を塗る。
● 焼きはじめる少し前に、オーブンを170℃に予熱する。

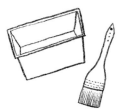

同じ分量で
1斤の型でも
作れます。

作り方

1 ヨーグルトと熱湯を合わせて、40℃くらいにする。

2 容器にバター以外の材料をすべて入れる。カードを使い、粉っぽい部分がなくなるまでよく混ぜ合わせる。

3 混ぜ終わった生地を容器いっぱいに広げる。ふたをして15分ほど休ませる（室温）。

4 15分後、やわらかくしたバターを入れ、生地とバターを一緒に切るようにして、ふんわりするまで混ぜ込む。

5 完全に混ざったら、生地をまとめ、容器の中心に寄せてふたをする。ひと回り大きな容器に約60℃の湯を入れ、生地の容器を湯せんで温める（一次発酵）。

6 30〜40分後、生地が2〜2.5倍になれば一次発酵が完了。

7 容器から作業台に生地を取り出す。打ち粉（強力粉/分量外）をふり、手で押してガス抜きをする。カードで9等分する（スケールで正確に計量する）。生地のシワのない部分を広げ、張りを出すように丸める。室温で5分休ませる（ベンチタイム）。

丸め直すことで
生地のキメが整って
ふんわり焼き
上がります。

A

B

C

8 休ませた生地の空気を出し、再度丸め直す（**A**）。型に、とじ目を下にして3個ずつ入れる（**B**）。

9 型にシャワーキャップをかぶせ、温かいところに置く（二次発酵）。

10 30〜40分後、生地が3倍になり、型の高さより1cm上まで膨らんだら（**C**）、170℃に予熱したオーブンで15分焼く。

11 焼き上がったらすぐに、台などに数回打ち付けて型から取り出す。

ヨーグルトのミニ食パン

ヨーグルトのミニ食パン

ケーキ用のパウンド型で焼く、食べきりサイズの小さな食パン。
もっちりとやわらかく、お子さんも大好きな味です。サンドイッ
チに使うのもおすすめ。さまざまなジャムもよく合います。

混ぜる	休ませる	バターを混ぜ込む	一次発酵	丸める	ベンチタイム	成形	二次発酵	焼く
1分	15分	5分	30~40分	3分	5分	3分	30~40分	15分

型なしちぎりパン

定番の「ちぎりパン」は、型なしでもふっくらと簡単に作れます。食べやすい甘めの生地に、お好みのトッピングをしてください。

混ぜる	一次発酵	丸める	休ませる	成形	二次発酵	仕上げ	焼く
2分	30~40分	5分	5分	5分	30~40分	5分	15分

材料（焼き上がり約 25 × 25cm 1 個分）

[生地]
強力粉…300g
砂糖…大さじ 3（30g）
塩…小さじ 1（5g）
ドライイースト…小さじ 1（4g）
牛乳…160mℓ
熱湯…80mℓ
無塩バター…10g

[仕上げ]
溶き卵…大さじ 2
スライスアーモンド…32 枚
レーズン…16 粒
チョコチップ…32 粒

下準備

● 天板にオーブンシートを敷き込む。
● 焼きはじめる少し前に、オーブンを 180℃に
  予熱する。

ここからは
最初にバターを溶かして
混ぜ込むレシピです。
ふっくら軽い食感の
生地に。

生地の表面が
なめらかに
なるまで。

1
熱湯にバターを入れて溶かし、牛乳と合わせて 40℃くらいにする。

2
容器に生地の材料をすべて入れ、カードを使って粉っぽい部分がなくなるまでよく混ぜる。さらに 2 分くらいしっかり混ぜ込む。

3
完全に混ざったら、生地をまとめ、容器の中心に寄せてふたをする。ひと回り大きな容器に約 60℃の湯を入れ、生地の容器を湯せんで温める（一次発酵）。

4

30 〜 40分後、生地が2 〜 2.5倍になれば一次発酵が完了。

5

容器から作業台に生地を取り出す。打ち粉（強力粉／分量外）をふり、手で押してガス抜きをする。

6

カードで16等分する（スケールで正確に計量する）。

7

生地のシワのない部分を広げ、張りが出るように丸める。室温で5分ほど休ませる（ベンチタイム）。

8

気泡を
つぶすように、
しっかり空気を
出して。

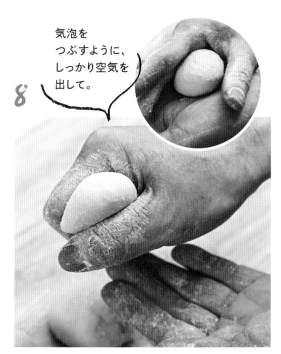

休ませた生地の空気を出し、再度丸め直す。

9

とじ目を下にしてオーブンペーパーを敷いた天板
に、5mm間隔で並べる。乾いた布をかけて温かい
ところに置く（二次発酵）。

10

30 ～ 40分後、生地が2倍に膨らみ、生地同士
の間隔がなくなったら、表面に溶き卵を塗る。

11

溶き卵が乾かないうちに
トッピングを。

スライスアーモンド、レーズン、チョコチップで動
物の顔をつくる。180℃に予熱したオーブンで15
分焼く。

リッチでふわふわバター入りパン

チョコスティックパン

ココア入りの生地にチョコチップを混ぜ込んだスイーツ感覚のパン。型を使わず、棒状に切って焼くのでとっても簡単。

混ぜる	一次発酵	丸める	ベンチタイム	成形	二次発酵	焼く
2分	30~40分	1分	5分	10分	30~40分	12分

材料（10本分）

［生地］
強力粉…200g
ココアパウダー…10g
砂糖…大さじ3（27g）
塩…小さじ1/2（3g）
ドライイースト…小さじ2/3（3g）
熱湯…100㎖
牛乳…40㎖
無塩バター…10g

チョコチップ…60g
グラニュー糖…20g

下準備

●天板にオーブンシートを敷き込む。

●焼きはじめる少し前に、オーブンを
　180℃に予熱する。

グラニュー糖は
手で押すように
なじませて。

A

B

角を作って
四角く伸ばすことで
きれいなスティックに。

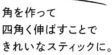

作り方

1　熱湯にバターを入れて溶かし、牛乳と合わせて
　40℃くらいにする。

2　容器に生地の材料をすべて入れ、カードを使っ
　て粉っぽい部分がなくなるまでよく混ぜる。さら
　に2分くらいしっかり混ぜ込む。

3　完全に混ざったら、生地をまとめ、容器の中心
　に寄せてふたをする。ひと回り大きな容器に約
　60℃の湯を入れ、生地の容器を湯せんで温める
　（一次発酵）。

4　30～40分後、生地が2倍になれば一次発酵が
　完了。容器にチョコチップを加え、カードでまん
　べんなく混ぜる。

5　作業台に生地を取り出す。打ち粉（強力粉／分量
　外）をふり、生地を丸くまとめて室温で5分置い
　て休ませる（ベンチタイム）。

6　休ませた生地を手で押して伸ばし、めん棒で15
　×20㎝の長方形に伸ばす。四隅を手で引っ張っ
　て角を作るように整える。

7　生地全体にグラニュー糖をふりかけ（A）、手で軽
　く押さえる。

8　カードで10等分の棒状に切る（B）。天板に並べ、
　乾いた布巾をかけて温かいところに置く（二次発
　酵）。

9　30～40分後、生地の厚さが2倍に膨らんだら、
　180℃に予熱したオーブンで12分焼く。

北欧風シナモンロール

カルダモン入りのスパイシーな生地に、シナモンペーストを巻き
込んだ風味豊かなパン。こんがり焼けた生地は、ふっくら弾力が
あるのに歯切れがいいのが特徴です。

混ぜる	一次発酵	成形	二次発酵	仕上げ	焼く
2分	30~40分	20分	30~40分	1分	12分

材料（10個分）

［生地］
強力粉…200g
薄力粉…100g
砂糖…大さじ2（20g）
塩…小さじ1（5g）
ドライイースト…小さじ1（5g）
カルダモン（ホールまたはパウダー）…小さじ2
溶き卵…40g
牛乳…100mℓ
熱湯…60mℓ
無塩バター…30g

［シナモンペースト］
無塩バター…15g
砂糖…20g
シナモンパウダー…小さじ1 〜 3
※甘めに作りたい場合は、シナモンペーストの量を倍にする

［仕上げ］
溶き卵…大さじ2
飾り用のワッフルシュガー、ざらめなど…適量

下準備

●シナモンペーストのバターは室温でやわらかくする。

●天板にオーブンシートを敷き込む。

●焼きはじめる少し前に、オーブンを190℃に予熱する。

シナモンをココアや抹茶に替えてもおいしいです。

作り方

1
熱湯にバターを入れて溶かし、牛乳と合わせて40℃くらいにする。

2
容器に生地の材料をすべて入れ、カードを使って粉っぽい部分がなくなるまでよく混ぜる。さらに2分くらいしっかり混ぜ込む。

3

完全に混ざったら、生地をまとめ、容器の中心に寄せてふたをする。ひと回り大きな容器に約60℃の湯を入れ、生地の容器を湯せんで温める（一次発酵）。

4

室温に置いて
やわらかく
しておいて。

シナモンペーストの材料をよく混ぜてクリーム状にする。

5

30 〜 40分後、生地が2 〜 2.5倍になれば一次発酵が完了。

6

容器から作業台に生地を取り出す。打ち粉（強力粉／分量外）をふり、手で押してガス抜きをする。

7

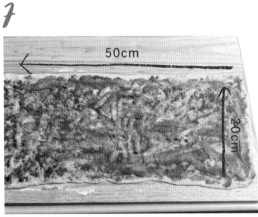

50cm

20cm

手で20×50cmの長方形に伸ばし、生地の表面に4をまんべんなく塗る。

8

左右交互に巻くと、
太さがそろいます。

手前の生地を1cm折り返して芯を作り、少しずつ巻く。

9

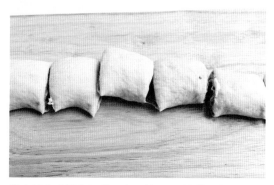

巻き終わりはとじずにカードで10等分に切る。

10

巻き直すことで、
独特の形に。

切り分けた生地を、1個ずつほどいて巻き直す。

11

中心を指で強く押して、くぼみを作る。

12

巻き終わりを下にして天板に等間隔に並べる。乾いた布巾をかけて温かいところに置く（二次発酵）。

13

生地が2倍に膨らんだら、表面に溶き卵を塗り、飾り用の砂糖を散らす。190℃に予熱したオーブンで12分焼く。

北欧風は甘すぎず、
カルダモンの香りが
さわやかさも
感じさせます。

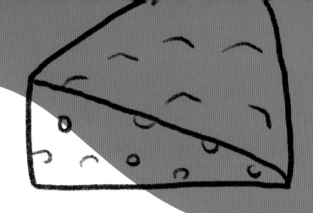

Part 4

型なしで作れる オイル入り 簡単パン

オリーブオイルを入れた生地は、初心者に作りやすくて人気です。フォカッチャやピザ生地は二次発酵もなく、伸ばして焼くだけ。生地は扱いやすく、思い立ったら気軽に作れるので、トッピングや具を変えて楽しんでいただけます。野菜やチーズをはじめ、イタリア素材との相性が抜群です。

初心者は
ここからトライ
すればまず
失敗なし！

完熟トマトのフォカッチャ **P70**

混ぜる	一次発酵	成形	ベンチタイム	仕上げ	焼く
2分	**30~40**分	**5**分	**15**分	**2**分	**20**分

完熟トマトのフォカッチャ

トマトの水分だけで作った生地は、トマトの濃厚な旨味が味わえ、ヘルシーです。成形も簡単で気軽に作れます。大きく切り出してイタリア風のサンドイッチにしても楽しいですよ。

材料 （焼き上がり約15cm×20cm 1枚分）

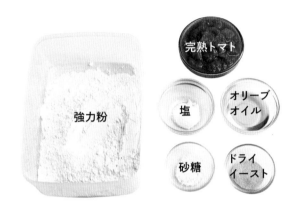

［生地］
強力粉…300g
砂糖…大さじ1（10g）
塩…小さじ1（5g）
ドライイースト…小さじ1（4g）
オリーブオイル…大さじ2
完熟トマト…正味250〜300g
へたを除き、1cm角に切る。
果汁や種ごと計量する。
またはトマトの水煮缶…250g

仕上げ用オリーブオイル…大さじ3〜4

下準備

● 天板にオーブンシートを敷き込む。
● 完熟トマトはへたを除き、1cm角に切る。
● 焼きはじめる少し前に、オーブンを200℃に予熱する。

トマトは、真っ赤に熟したやわらかいものを使ってね。

Arrange

ズッキーニや春菊など 他の野菜でも試してみて

生地に入れるトマトを、皮ごとすりおろしたズッキーニ300〜340gに替えたらズッキーニフォカッチャができます。スライスをトッピングして。

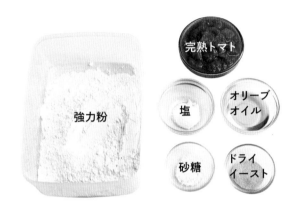

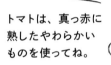

作り方

1

容器に生地の材料をすべて入れる。

2

トマトの固形の部分は
あとからつぶれて水分になるので、
少なめから様子を見ましょう。

カードを使い、トマトをつぶすように2分ほどしっかり混ぜる。トマトによって水分量が変わるので、混ぜやすい状態に調節する。

3

生地全体がトマトの色になったら、容器いっぱいに広げる。

4

ふたをして、ひと回り大きな容器に約60℃の湯を入れ、生地の容器を湯せんで温める（一次発酵）。
※真夏は湯せんせずに室温で発酵させる。

型なしで作れるオイル入り簡単パン

厚さはこれくらい！
一次発酵で
十分に発酵させる
のがポイント。

5

30 〜 40分後、生地の厚みが2 〜 2.5倍になれ
ば一次発酵が完了。生地の表面とオーブンシー
トに打ち粉（強力粉/分量外）をふり、カードにも
打ち粉をつける。

6

容器と生地の間にカードを差し込んで、そっとはが
す。

7

容器の上下を返して、生地を自然に取り出す。

8

ガス抜きせずに
このまま成形。

取り出した生地の表面にも打ち粉をふる。

完熟トマトのフォカッチャ

9

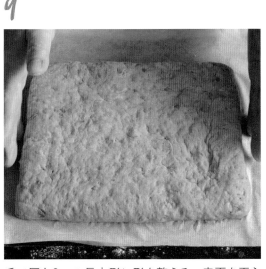

手で厚さ2cmの長方形に形を整える。表面を平らにならし、15分ほど休ませる（ベンチタイム）。

10

生地の下まで
しっかりさし込んで。

生地に指をさして、15 〜 16個の穴を開ける。

11

オリーブオイルは
たっぷり注ぐとおいしい。

穴にオリーブオイルを注ぐ。

12

表面にもまんべんなくオリーブオイルを塗る。
200℃に予熱したオーブンで20分焼く。

型なしで作れるオイル入り簡単パン

チーズブレッド

ふわふわの生地にピザ用のシュレッドチーズをたっぷり混ぜ込んだ、
チーズ好きにはたまらないパン。表面はカリカリで、チーズの溶け
た生地はもちもちでクセになります。

混ぜる	休ませる	伸ばして たたむ	一次発酵	混ぜ込み	成形	二次発酵	焼く
1分	30分	1分	30~40分	2分	5分	30~40分	20分

材料 （焼き上がり直径約18cm 1個分）

- -

［生地］
強力粉…300g
砂糖…小さじ1（3g）
塩…小さじ1（5g）
ドライイースト…小さじ1（4g）
オリーブオイル…大さじ2
ぬるま湯…210㎖

シュレッドチーズ…200g

●天板にオーブンシートを敷き込む。

●焼きはじめる少し前に、オーブンを180℃に
予熱する。

いくつかに
切り分けて焼いても
OK です。

チーズと生地を
一緒に切るように
するとよく混ざります。

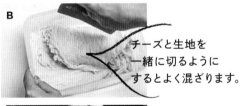

作り方

1 容器に生地の材料をすべて入れ、カードを使い、粉っぽい部分がなくなるまでよく混ぜ合わせる。

2 混ぜ終わった生地を容器いっぱいに広げる。ふたをして室温で30分ほど休ませる。

3 30分後、カードで生地を伸ばして折りたたんだり、重ねたりを10回ほど繰り返す（A）。

4 生地をまとめ、容器の中心に寄せてふたをする。ひと回り大きな容器に約60℃の湯を入れ、生地の容器を湯せんで温める（一次発酵）。

5 30 ～ 40分後、生地が2 ～ 2.5倍になれば一次発酵が完了。容器にシュレッドチーズを入れ、生地で包むように混ぜ込む（B）。作業台に生地を取り出し、打ち粉（強力粉/分量外）をふって、生地のシワのない部分を広げ、張らせるように球形に丸める（C）。

6 天板にのせて乾いた布巾をかけ、温かいところに置く（二次発酵/D）。

7 生地が2倍に膨らんだら発酵完了（E）。生地が横に広がっていたら、カードで寄せて丸く整える。

8 180℃に予熱したオーブンで20分焼く。

型なしで作れるオイル入り簡単パン

材料 （焼き上がり約28 × 20cm 1枚分）

- -

［生地］
強力粉…150g
砂糖…小さじ1（3g）
塩…小さじ1/2（3g）
ドライイースト…小さじ1/2（2g）
オリーブオイル…小さじ2
ぬるま湯…100㎖

［ピザソース］
トマトピューレ…200g
オリーブオイル…大さじ1
にんにくのすりおろし…小さじ1
塩…小さじ1/2
ドライハーブ…少々

［トッピング］
ピザ用チーズ、ベーコン、トマト、
ピーマン、玉ネギなど…各適量

下準備

●ピザソースの材料は600Wの電子レン
ジで1分加熱（**A**）。途中で一度混ぜる。
●天板にオーブンシートを敷き込む。
●焼きはじめる少し前に、オーブンを
200℃に予熱する。

伸ばす形や
大きさは自由に
変えてOK。

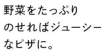

野菜をたっぷり
のせればジューシー
なピザに。

作り方

1 容器に生地の材料をすべて入れ、カードを使い、
粉っぽい部分がなくなるまでよく混ぜ合わせる。

2 粉っぽい部分がなくなったら、混ぜ終わった生
地を容器いっぱいに広げる。ふたをして室温で
30分ほど休ませる。

3 30分後、カードで生地を伸ばして折りたたんだり、
重ねたりを10回繰り返す。

4 生地をまとめ、容器の中心に寄せてふたをする。
ひと回り大きな容器に約60℃の湯を入れ、生地
の容器を湯せんで温める。（一次発酵）

5 30 〜 40分後、生地が2 〜 2.5倍になれば一次
発酵が完了。作業台に生地を取り出し、打ち粉
（強力粉/分量外）をふって、生地のシワのない
部分を広げ、張りが出るように丸める。めん棒
で天板の大きさに合わせて伸ばす。生地を天板
にのせ、手で伸ばして整える（**B**）。

6 生地の表面にピザソースを塗り、トッピングをの
せる。

7 200℃に予熱したオーブンで15分焼く。

野菜ピザ

野菜ピザ

ピザもパン生地の一種。やわらかく伸びて扱いやすく、好きなトッピングを楽しめます。ピザソースは電子レンジで簡単ですが本格的な味。

混ぜる	休ませる	伸ばして たたむ	一次発酵	成形	焼く
1分	30分	1分	30~40分	5分	15分

Q&A その2

Q7

発酵に時間がかかってしまうのはどうしてですか?

A 作っている部屋の温度が低かったり、生地が冷たいと発酵に時間がかかります。ぬるま湯を生地に加えたり、湯せんで生地を温めたりするのは生地を発酵しやすい温度にするためです。生地の中の温度は25℃前後で発酵が進みやすくなります。特に型に入ったパンや食パンは、中心部まで温まるのに時間がかかりますので、少し高めの発酵温度がおすすめです。でも、室温でゆっくり時間をかければ必ず発酵します。

Q8

オーブンレンジでもパンが焼けますか?予熱は必ず必要ですか?

A オーブン機能があればパンを焼くことができます。オーブンは予熱するのが大切です。予熱をしなかったり、予熱しても低い温度からパンを入れてしまうと、焼き上がるまでに時間がかかりますし、生地の中の水分が蒸発して外側がガチガチになったり、中がパサパサになってしまうからです。お使いのオーブンの焼け具合やクセを知るために、まずは何度か焼いて確かめてください。

Q9

発酵の目安がわかりません。

A 一次発酵は、発酵前と比べて2倍から2.5倍の大きさになっていることが目安です。一次発酵のとき、生地を容器の中心に寄せたり、丸めたりしているのは、大きさの差をわかりやすくするためです。
二次発酵は、生地の膨らみが最大になる一歩手前がベストな状態です。作りたいパンによって変わりますが、生地の大きさが約1.5倍から3倍になることで判断します。天板に等間隔で生地を整列させたり、生地と天板の間隔を測ると、膨らんだときの目安になります。

Q10

上だけ焦げて、周りが焼けないのはどうしてですか?

A オーブン庫内の大きさと型のバランスが合っていないため、熱の対流が遮られたり、偏ってしまうのが原因です。
予熱時間を長く取って、予定の温度より少し高くして焼いてみてください。表面に焼き色がついたらアルミホイルなどで覆って、少し長めに焼いていただけば多少改善できると思います。焼きムラがある場合は、薄く色がついて焼き固まったら天板の向きを変えてください。

Q11

レシピの温度で焼くと
焼き色がつかず、
生焼けになります。

A オーブンによって、表示されている温度と庫内の温度に差があったり、実際の温度が上がりにくいものがあります。また、予熱で温まったオーブンの扉を開けると、庫内の温度は一気に10〜20℃下がります。まずは、温まった温度を下げないように天板を入れるときは素早く入れてください。それでも焼き色がつかない場合は、予熱をしっかり長めにして、レシピの温度より上げて焼いてください。焼き色のつき方を見ながら、お使いのオーブンに合った焼き加減を見つけていただくのがいいですね。天板は2枚入れない、パン同士の間隔を広めに取る、一度にたくさん焼かないというのもポイントです。

Q13

食パンが焼き上がったとき、
型を打ち付けるのは
なぜですか?

A 焼きたての生地の中には水蒸気がたっぷり入って、重くやわらかい状態です。そのままにしておくと中心の重力に引っ張られて、外側にくぼみができたり、形が安定せずに倒れてしまうことがあります。焼き上がってすぐに型を打ち付けることで、中の熱い水蒸気を素早く出すことができ、くぼんでしまうことを防げます。

Q12

焼き上がったパンに
空洞ができてしまったのは
なぜですか?

A 生地のガス抜きが足りなかったせいです。特に食パンは焼く時間が長いので、生地の中に残っていた気泡が焼くときの熱によって膨張しやすくなります。めん棒で生地を伸ばすときも、生地の端まで空気を抜くなど、発酵やベンチタイムで発生した炭酸ガスは、しっかり抜いていただくのがおすすめです。

Q14

焼き上がったパンが
しぼんでしまったのは
なぜですか?

A 多少のしぼみは仕方ありません。パンの中にあるガスや水蒸気が焼き上がりとともに外に排出されて、体積が小さくなります。極端にしぼむ場合は、焼き不足か過発酵で生地が膨らみすぎてしまったのが原因です。

過発酵で炭酸ガスが発生しすぎると、このようにしぼんでしまいます。

Part 5

食事に合う
フランスパンと
仲間たち

たんぱく質量の少ない粉で作る、日常的に楽しめるリーンなパンです。強力粉に薄力粉を混ぜて、軽さを出すこともできます。サクッと歯切れが良く、熟成させれば弾力が出るシンプルな生地は、どんな食事にも合うでしょう。オーブンの温度やトッピングで、食感や表情が変化します。

フランスパン生地は
そーっと扱うのがコツ！
気泡をつぶさないように。

熟成フランスパン **P82**

混ぜる	休ませる	混ぜる	一次発酵	成形	二次発酵	仕上げ	焼く
1分	30分	5分	10時間	10分	1時間	1分	15分

熟成 フランスパン

ゆっくり時間をかけて発酵させた生地は、外側はパリッと焼き上がり、内側はもっちりと引きがあります。塩だけで作り、小麦粉の風味をストレートに味わえる定番のハードパンです。

材料 （焼き上がり約26cm 2本分）

- -

［生地］
フランスパン用粉…250g
水…180ml
塩…小さじ1（5g）
ドライイースト…小さじ1/4（1g）

打ち粉用強力粉…適量

下準備

●天板にオーブンシートを敷き込む。

●焼きはじめる少し前に、オーブンを190℃に
　予熱する。

自然にできた気泡が
おいしさのポイントなので
つぶさないように
気を付けて。

休ませることで
生地が伸びやすく。

1

容器に粉と水を入れ、よく混ぜ
合わせる。

2

粉っぽい部分がなくなったら、
容器いっぱいに広げる。

3

ふたをして、室温で30分ほど
休ませる。

4

30分後、生地全体にドライイーストをまんべんなくふりかけて、カードで混ぜる。

5

グルテンを作りすぎないよう、塩は最後に加えます。

ドライイーストが完全に混ざったら、塩を加えて混ぜる。

6

生地を切るようにしながら、2分ほどかけてしっかり混ぜ込む。

7

生地を容器の中心に寄せて、ふたをする。

8

室温でひと晩（10時間ほど）置く。室温が20℃以上になるときは、冷蔵庫に入れる（一次発酵）。

9

長時間かけて発酵させることで、生地が熟成して香りや風味がよくなります。

翌朝、容器いっぱいに生地が広がって、2〜2.5倍に膨らんでいれば一次発酵が完了。

10

生地の表面と作業台に打ち粉をふり、カードにも打ち粉をつける。

11

容器と生地の間にカードを差し込んで、そっとは
がす。

12

できるだけ
生地に刺激を
与えないように。

作業台に容器の上下を返して、生地を自然に取り
出す。

13

最後はカードでそっとはがす。

14

生地のガス抜きはせず、カードで2等分にする。

15

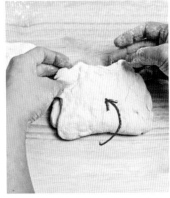

生地の角を合わせるように3等
分に折る。

16

カードを押し付け、中心に折り
目をつける。

17

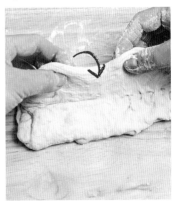

下になっている生地を張らせる
ように手前に折る。

18

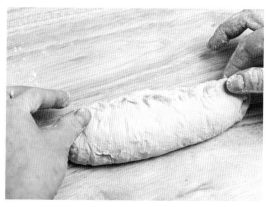

合わせた生地を指でつまんでとじる。

19

力を入れずに、手の空間の中で転がすように。

表面に打ち粉をふって、軽く転がしてとじ目をなじませる。太さが均等になるように伸ばし、25cmの長さにそろえる。

20

1本につき1枚のオーブンシートで。

生地をゆったり包める大きさに切ったオーブンシートを天板に敷き、とじ目を下にして置く。

21

生地がやわらかく、広がりやすいため。

オーブンシートで生地を包むように合わせ、クリップなどで止める。

22

乾いた布巾をかけ、2倍にふくらむまで1時間ほど置く（二次発酵）。

23

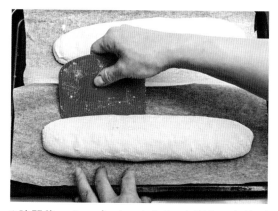

1時間後、オーブンシートをそっと開き、生地が横に広がっていたら、カードで寄せるように形を整える。

24

よく切れるナイフで一気に。

生地の表面に打ち粉をふって、中心に1本の切り込みを入れる（深さ5mmくらい）。250℃に予熱したオーブンで15分焼く。

ミルクフランス

パン屋さんで人気の味を家庭でも簡単に作れます。サクッと歯切れ
のいい生地に、手作りのミルククリームを挟んだ人気のパンです。

混ぜる	一次発酵	丸める	ベンチ タイム	成形	二次発酵	仕上げ	焼く
2分	30~40分	2分	5分	15分	30~40分	1分	12~15分

材料（6本分）

- -

［生地］
強力粉…150g
薄力粉…50g
→またはフランスパン用粉…200g
砂糖…大さじ1（10g）
塩…小さじ2/3（3g）
ドライイースト…小さじ2/3（3g）
牛乳…100㎖
熱湯…50㎖

［ミルククリーム］
無塩バター…60g
砂糖…20g
練乳…20g

下準備

●ミルククリームのバターは室温でやわらかくする。材料を練り混ぜる。
●天板にオーブンシートを敷き込む。
●焼きはじめる少し前に、オーブンを190℃に予熱する。

できるだけ
細く伸ばして。

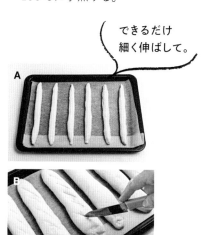

低めの温度で
ソフトに焼き上げます。

作り方

1 牛乳と熱湯を合わせて40℃くらいにする。

2 容器に生地の材料をすべて入れ、カードで切ったり伸ばしたりしながら2分ほどよく混ぜる。

3 生地をまとめ、容器の中心に寄せてふたをする。ひと回り大きな容器に約60℃の湯を入れ、生地の容器を湯せんで温める（一次発酵）。

4 30〜40分後、生地が2〜2.5倍になれば一次発酵が完了。容器から作業台に生地を取り出す。打ち粉（強力粉/分量外）をふり、手で押してガス抜きをする。

5 カードで6等分する（スケールで正確に計量する）。生地のシワのない部分を広げ、張らせるように丸める。室温で5分休ませる（ベンチタイム）。

6 休ませた生地を、手で押してガス抜きをする。めん棒で直径10㎝の円に伸ばす。

7 生地を内側に3等分に折る。カードで中心に折り目をつけ、下になっている生地を張らせるように手前に折る。合わせた生地を指でつまんでとじる。

8 表面に打ち粉をふって、軽く転がしてとじ目をなじませる。太さが均等になるように20㎝の長さに伸ばし、天板に等間隔に並べる（**A**）。乾いた布をかけて、温かいところに置く（二次発酵）。

9 30〜40分後、生地が2倍の大きさに膨らんだら、表面に打ち粉をふって、深さ約5㎜の斜めの切り込みを5本入れる（**B**）。

10 190℃に予熱したオーブンで12〜15分焼く。

11 焼き上がったら網にのせて完全に冷まし、切り込みを入れてミルククリームをはさむ（**C**）。

材料 (5本分)

- -

［生地］
強力粉…200g
薄力粉…50g
→またはフランスパン用粉…250g
砂糖…大さじ1（10g）
塩…小さじ1（5g）
ドライイースト…小さじ1（4g）
ぬるま湯…175mℓ

［明太子バター］
辛子明太子…30g
バター…30g
レモン汁…小さじ1/2

青のり…少々

下準備

● 明太子バターの辛子明太子は薄皮を
除き、バターは室温に戻して、すべて
を練り混ぜる。

● 天板にオーブンシートを敷き込む。

● 焼きはじめる少し前に、オーブンを
220℃に予熱する。

明太子バターを
トッピングして
二度焼きします。

1　容器に生地の材料をすべて入れ、カードを使い、粉っぽい部分がなくなるまでよく混ぜ合わせる。

2　混ぜ終わった生地を容器いっぱいに広げる。ふたをして室温で15分ほど休ませる。

3　15分後、カードで生地を伸ばして折りたたんだり、重ねたりを10回繰り返す。

4　生地をまとめ、容器の中心に寄せてふたをする。ひと回り大きな容器に約60℃の湯を入れ、生地の容器を湯せんで温める（一次発酵）。

5　30〜40分後、生地が2〜2.5倍になれば一次発酵が完了。容器から作業台に生地を取り出す。打ち粉（強力粉/分量外）をふり、手で押してガス抜きをする。

6　カードで5等分する（スケールで正確に計量する）。生地のシワのない部分を広げ、張りを出すように丸める。室温で5分休ませる（ベンチタイム）。

7　休ませた生地を、手で押してガス抜きをする。めん棒で直径10cmの円に伸ばす。生地を内側に3等分に折る。カードで中心に折り目をつけ、下になっている生地を張らせるように手前に折る。合わせた生地を指でつまんでとじる。

8　表面に打ち粉をふって、軽く転がしてとじ目をなじませる。太さが均等になるように18cmの長さに伸ばし、天板に等間隔に並べる（**A**）。乾いた布をかけて、温かいところに置く（二次発酵）。

9　30〜40分後、生地が2倍の大きさにふくらんだら、表面に打ち粉をふって縦に深さ約5mmの切り込みを入れる（**A**）。

10　220℃に予熱したオーブンで15分焼く。

11　焼き上がったら、開いた切り込みに明太子バターを塗り（**B**）、180℃に下げてさらに10分焼く。焼き上がったら、青のりをちらす。

明太フランス

サクサクした生地に明太子バターの塩気があとを引き、とまらない美味しさです。軽食はもちろんのこと、おつまみにもおやつにもぴったり。

混ぜる	休ませる	伸ばしてたたむ	一次発酵	丸める
1分	15分	1分	30~40分	5分

ベンチタイム	成形	二次発酵	焼く	仕上げ	焼く
5分	15分	30~40分	15分	2分	10分

オリーブオイルの リュスティック

二次発酵なしで簡単に作れ、カードで適当に切り分
けて焼くだけの手軽さ。ふぞろいなほうが、違った
表情に焼けて楽しいです。トッピングはお好みで!

混ぜる	休ませる	伸ばしてたたむ	一次発酵	成形	仕上げ	焼く
1分	30~60分	1分	30~40分	5分	1分	15分

材料 （好みの大きさで6〜12個分）

- -

［生地］
強力粉…300g
砂糖…小さじ1（3g）
塩…小さじ1（5g）
ドライイースト…小さじ1（4g）
ぬるま湯…210mℓ

［仕上げ］
オリーブオイル…80〜100mℓ
パルメザンチーズ…大さじ2
にんにくのすりおろし…小さじ2
ドライハーブ…小さじ2
岩塩…小さじ2

下準備

● 天板にオーブンシートを敷き込む。

● 焼きはじめる少し前に、オーブンを
  220℃に予熱する。

オリーブオイルを
たっぷりつけることで
カリカリに焼き上がります。

オリーブオイルに
生地を浸すように
絡めます。

1 容器に生地の材料をすべて入れ、カードを使い、
粉っぽい部分がなくなるまでよく混ぜ合わせる。

2 混ぜ終わった生地を容器いっぱいに広げる。ふ
たをして室温で30〜60分休ませる。

3 休ませた生地をカードで伸ばして折りたたんだ
り、重ねたりを10回繰り返す。

4 生地をまとめ、容器の中心に寄せてふたをする。
ひと回り大きな容器に約60℃の湯を入れ、生地
の容器を湯せんで温める（一次発酵）。

5 30〜40分後、生地が2〜2.5倍になれば一次
発酵が完了。小さめのボウルにオリーブオイル
を入れる。生地のガス抜きはせずに、カードで
小さく切り出してオリーブオイルを絡める（**A**）。

6 天板に並べて（**B**）、それぞれにお好みのトッピ
ングをのせる。

7 220℃に予熱したオーブンで15分焼く。

食事に合うフランスパンと仲間たち

カマンベーチーズと
はちみつのクッペ

軽めのフランスパン生地でカマンベールを包みはちみつをたっぷり
かけて、パリッと焼いたパン。甘さと塩気のバランスが絶妙です。

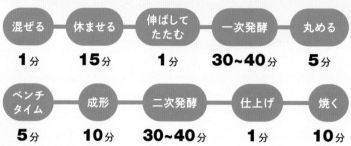

混ぜる	休ませる	伸ばして たたむ	一次発酵	丸める
1分	15分	1分	30~40分	5分

ベンチ タイム	成形	二次発酵	仕上げ	焼く
5分	10分	30~40分	1分	10分

材料 （6個分）

- -

［生地］
強力粉…200g
薄力粉…50g
→またはフランスパン用粉250g
砂糖…大さじ1（10g）
塩…小さじ1（5g）
ドライイースト…小さじ1（4g）
ぬるま湯…175㎖

カマンベールチーズ…100g
はちみつ…適量

下準備

●カマンベールチーズを6等分に切る。

●天板にオーブンシートを敷き込む。

●焼きはじめる少し前に、オーブンを
　200℃に予熱する。

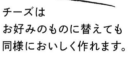

チーズは
お好みのものに替えても
同様においしく作れます。

1

容器に生地の材料をすべて入れ、カードを使い、
粉っぽい部分がなくなるまでよく混ぜ合わせる。

2

混ぜ終わった生地を容器いっぱいに広げる。ふ
たをして室温で15分ほど休ませる。

3

15分後、カードで生地を伸ばして折りたたんだり、重ねたりを10回ほど繰り返す。

4

生地をまとめ、容器の中心に寄せてふたをする。ひと回り大きな容器に約60℃の湯を入れ、生地の容器を湯せんで温める（一次発酵）。

5

30〜40分後、生地が2〜2.5倍になれば一次発酵が完了。容器から作業台に生地を取り出す。打ち粉（強力粉／分量外）をふり、手で押してガス抜きをする。

6

カードで6等分する（スケールで正確に計量する）。生地のシワのない部分を広げ、張りを出すように丸める。室温で5分休ませる（ベンチタイム）。

7

休ませた生地を、手で押してガス抜きをする。めん棒で直径10㎝の円に伸ばす。

8

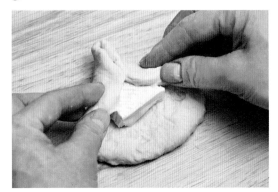

中心にカマンベールチーズを置き、生地の半分まで左右の生地を折りたたんで山を作る。

カマンベールチーズとはちみつのクッペ

9

山の先端を手前に折りたたむ。

10

下側の生地を
張らせるように
転がします。

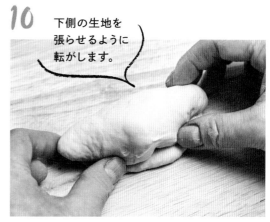

折りたたんだ部分を包むように、全体を手前に転がして成形する。

11

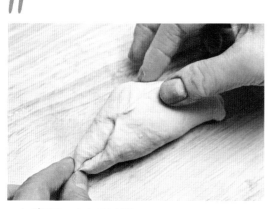

つなぎ目をつまんでとじる。

12

両端をつまんでおくと、
発酵後の形が整います。

生地の両端を指でつまんで、レモン形にする。とじ目を下にして天板に等間隔に並べる。乾いた布巾をかけ、温かいところに置く（二次発酵）。

13

深く切り込んだほうが
クープがきれいに。

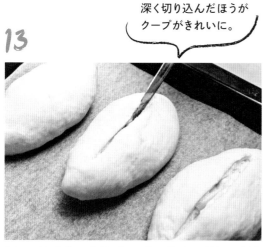

30〜40分後、生地が1.5倍に膨らんだら、生地の中のチーズが見えるまで深く縦1本の切り込みを入れる。

14

切り込みにははちみつをかけ、200℃に予熱したオーブンで15分焼く。

Staff

撮影
清水奈緒　梅田みどり

装丁・デザイン
後藤奈穂

イラスト
macco

構成
北條芽以

校正
鈴木初江

編集
川上隆子（ワニブックス）

保存容器で作るから
こねない！　簡単！　失敗しない！
おうちで本格パン焼けました

やさいのひベーカリー　著
2021年7月9日　初版発行

発行者　横内正昭
編集人　青柳有紀
発行所　株式会社ワニブックス
　　　　〒150-8482
　　　　東京都渋谷区恵比寿4-4-9
　　　　えびす大黒ビル
電話　03-5449-2711（代表）
　　　03-5449-2716（編集部）
ワニブックスHP　http://www.wani.co.jp/
WANI BOOKOUT　http://www.wanibookout.com/
印刷所　株式会社美松堂
製本所　ナショナル製本